L'Architecture du moyen-âge à Ratisbonne, représentée par le dôme, l'église de Saint-Jacques, l'ancienne paroisse et quelques autres restes d'architecture allemande; publié par Juste Popp, conducteur des travaux du roi de Bavière, et Théodore Bulau. Architecture gothique.

1839. Paris, Bance aîné. — Strasbourg, imp. de Levrault.

(Titre pris sur le I. de la liv. — Liv. 1–3. N'a pas été continué. — mq les planches.

2207.

L'ARCHITECTURE DU MOYEN AGE

A RATISBONNE.

INTRODUCTION.

L'ARCHITECTURE du moyen âge, quant à son origine, n'appartient à aucun peuple en particulier. Elle est la continuation du style grec, motivé par le caractère chrétien et occidental, et passant par diverses époques de transition, elle atteint enfin sa plus haute perfection dans le type gothique.

La forme de ses églises ne diffère sous aucun rapport de celle des anciennes basiliques de Rome et de toute l'Italie (imitations des temples grecs), et le principe de la nef, qui s'élève, et des bas-côtés, se trouve aussi bien dans les anciennes basiliques que dans les églises gothiques.

L'architecture prend, au treizième siècle, un caractère original. Elle se distingue par la couverture, pour laquelle on choisit la voûte en ogive, et par le soin que l'on mit à exécuter, avec la plus grande économie, cette couverture que le climat exigeait. Les architectes de ces édifices ne voulaient pas employer des matériaux superflus; ils n'exécutaient que le nécessaire d'après des règles strictement mathématiques, et c'est ainsi que leurs constructions devinrent plus savantes que toutes celles connues antérieurement.

La couverture des anciennes basiliques de l'Italie était d'un genre tout-à-fait différent. Dans les premiers temps, le solivage resta à découvert et les chevrons étaient visibles; puis, du solivage lambrissé, on composa un plafond en caissons par la division en compartimens égaux des solives principales par des soliveaux transversaux. Plus tard on y renonça de nouveau, et les chevrons qui reparaissaient furent employés à produire un ornement en forme de voûte, moyennant de petites pièces cintrées qui, fixées sur les chevrons et partant de leur ligne inférieure, en déviaient pour cacher les angles intérieurs de la ferme. Enfin on adopta pour la couverture des basiliques les voûtes plein-cintre.

Plus on s'éloigna, quant au genre de couverture, de la première imitation des temples grecs, ce qui exerça une influence considérable sur la disposition des murs, plus le style devint original; et comme le changement des soffites en voûtes plein-cintre se rencontre surtout à l'époque de l'empire grec, le style de cette période est appelé avec raison le byzantin. L'architecture grecque étant en décadence, elle alla se réfugier dans son ancien berceau; néanmoins le siége du grec moderne en Égypte ne paraît pas avoir été sans influence sur le goût naissant.

Il ne faut point confondre le mauresque avec le byzantin; car la première dénomination indique la transformation que l'architecture grecque a subie parmi les Arabes, tandis que le dernier est la dégénération du style grec que les chrétiens trouvèrent lors de leur première invasion dans la Grèce déchue, et qu'ils gardèrent pendant long-temps.

L'église de S. Jacques à Ratisbonne, que nous avons l'intention de faire paraître dans cet ouvrage, est construite dans le style byzantin. La nef principale de cette basilique a un soffite, et les bas-côtés sont voûtés à plein-cintre. Tous les ornemens et les profils de cette église portent des empreintes qui prouvent à l'évidence leur origine grecque.

Le style byzantin, répandu par le zèle des Othons et le mouvement des croisades, resta long-temps le style prédominant, jusqu'à ce qu'il s'en développât le style gothique. Soit que ce fussent des progrès dans les sciences exactes, ou des études sur les exigences du climat, ou bien le désir de créer un style national, ou enfin toutes ces causes réunies, qui engagèrent les architectes de cette période de développement à rejeter les voûtes plein-cintre et les soffites, et à adopter pour couverture la forme de l'ogive, il nous suffit de savoir qu'ils le firent et qu'ils devinrent ainsi les fondateurs de l'architecture gothique. Par la suppression des soffites dans la nef principale, la diminution des murs fut rendue possible et nécessita la création de piliers extérieurs, pour résister à la pression latérale produite par les voûtes remplaçant le soffite. C'est ainsi que se fit le pas principal vers le changement de la forme des anciennes basiliques en celle des églises du treizième siècle.

L'Allemagne ne manque pas de vestiges d'architecture provenant de cette période de développement, et l'on peut en appeler le style, style de transition.

Les cahiers de notre ouvrage qui contiennent des monumens de ce style, tels que l'église de l'ancienne paroisse et l'ancien cloître du couvent de S. Emmerau à Ratisbonne, donneront des preuves évidentes de la vérité de ce que nous avons avancé sur la naissance de l'architecture gothique. Les deux édifices que nous venons de nommer ont, quoique construits en ogive, des ornemens de caractère byzantin, et à l'ancienne paroisse on voit des ornemens gothiques avec une nef principale couverte en soffite, ainsi que des voûtes en ogive et plein-cintre avec des piliers extérieurs et des chapiteaux byzantins.

Le style de transition commença sans doute déjà avec le dixième siècle, et s'éteignit avec le treizième, où par d'heureuses circonstances, surtout par la prospérité des villes, l'exécution des dômes et des grandes cathédrales devint possible, et l'architecture gothique se montra dans sa forme la plus originale et la plus belle.

Déjà au commencement du treizième siècle on poursuivait avec ardeur l'idée que l'on avait conçue de remplacer les genres de couvertures plus anciens des nefs d'églises par des voûtes en ogive. Les soffites et les voûtes plein-cintre, qui étaient d'abord en usage, disparurent entièrement. Plus les voûtes en ogives s'élevaient avec hardiesse, plus il fallait songer à renforcer les piliers extérieurs, puisque ce n'est que par ceux-ci que les premières acquerraient la solidité nécessaire. Pour obtenir une pression exercée verticalement sur ces piliers, on éleva ces derniers à une hauteur superflue en apparence, et l'on forma avec leurs toits prolongés ce grand nombre de petites tourelles, qui sont un des ornemens principaux de l'architecture gothique. C'est de la même manière que se formèrent les grands arcs-boutans extérieurs, qui, pour empêcher la poussée des voûtes de la nef principale, commencent à la naissance de ces voûtes et s'élancent par-dessus les toits des bas-côtés, en se mariant avec les piliers du mur extérieur, où ils sont employés comme égouts et font la beauté originale et indispensable de cette architecture.

Ainsi que les Grecs imprégnèrent à l'art égyptien le sceau de la liberté et de la victoire, de leur noble origine et de leur ciel serein, ainsi les Germains, d'origine pure et libres comme eux, relevèrent avec énergie l'art grec, qui dégénérait, et le répandirent par leurs victoires dans toute l'Europe, en le soumettant aux caprices de leur goût hardi.

Il suffit de ce que nous avons dit sur la naissance des principales originalités de l'architecture gothique. Les auteurs de cet ouvrage abandonnent au jugement du public compétent en architecture la question de savoir si leurs manières de voir sont justes, et publient, à cet effet, leurs dessins par le tracé, desquels ils acquirent peu à peu ces convictions.

Tout l'ouvrage sera composé de dix cahiers, dont chacun contient quatre feuilles au moins. Six de ces cahiers représenteront le style d'architecture gothique, tel qu'on le voit au dôme de Ratisbonne; deux autres seront consacrés au style de transition, et représenteront l'ancienne paroisse et les cloîtres de S. Emmerau; et dans deux autres, enfin, l'on verra le style byzantin par la publication de l'église de S. Jacques.

Quoique les éditeurs de cet ouvrage soient disposés à admirer l'architecture gothique partout où elle se présente dans sa perfection, ils se plaisent à signaler cependant le dôme de Ratisbonne comme une des plus belles et des plus merveilleuses constructions à l'achèvement desquelles la pieuse activité de générations entières ne put suffire.

La forme, les proportions et les ornemens de ce dôme, respirent la magnificence, la raison, la force et la nationalité; il est exécuté avec un art parfait, avec soin, dévouement et une hardiesse capricieuse, et cachant le nom de ceux qui l'érigèrent, il achève de caractériser l'esprit allemand.

Le connaisseur le plus scrupuleux chercherait en vain une origine étrangère aux détails de ce monument, calculé pour notre climat, orné du feuillage de nos forêts, des fleurs, des fruits et des animaux de notre pays, des traditions de notre religion et de notre histoire, et ce n'est que dans la beauté de l'ensemble que l'on peut reconnaître l'origine grecque du style gothique. Le peuple s'aide de démons et de sortilèges pour expliquer l'exécution de ses dômes, et nous serions presque obligés d'en faire autant, si nous ignorions l'existence de cette association des maçons, qui traversaient les pays comme une armée courageuse, paisible et pleine d'art, se reposant où de riches villes et des couvens les appelaient, et ne gagnant pas leur pain quotidien à la sueur de leur front comme des ouvriers ordinaires, mais en se soutenant réciproquement d'une joyeuse adresse, d'un œil et d'un esprit fraternel dans l'exécution de l'idée des maîtres.

Des travaux qui duraient depuis des siècles, avaient élevé cette génération. Une grande famille d'hommes nés artisans, une petite république avec des lois qui lui étaient propres, s'éleva bien au-dessus de la routine ordinaire; ayant devant eux une existence assurée pour toute la vie, ils furent sans soucis, pieux, réfléchis par caractère national, soigneux, d'une patience inconcevable et d'un zèle consciencieux; et que l'on ne s'étonne plus alors si chacun devint un maître en petit, avec lequel les grands maîtres durent nécessairement produire autre chose que des pyramides, que chaque tyran peut élever à l'aide d'esclaves et d'animaux.

C'est ainsi que s'explique l'exécution des monumens qui, érigés comme par magie, attestent une culture et un perfectionnement étonnans du sentiment, de l'œil et de la main de tous ceux qui y ont aidé, et leur fait supposer une admirable aptitude à saisir l'ensemble d'un seul coup d'œil, et à ne se trouver embarrassés d'aucun accident ordinaire ou extraordinaire.

Ajoutez à cela, que le caractère dominant du style d'alors était devenu familier à tous les arts et métiers qui concouraient aux nombreuses constructions. C'est pourquoi les cathédrales s'élevèrent comme des fleurs gigantesques, réunissant la richesse à l'harmonie, la durée éternelle au caractère aérien, paraissant être le jouet des vents, quoique colossales; enfin, c'est ainsi que chaque détail put porter l'empreinte d'un soin incroyable.

PREMIER CAHIER.

DOME DE RATISBONNE.

(Architecture allemande.)

A l'endroit où fut incendiée l'ancienne cathédrale, l'évêque Léon Dundorfer, patricien et fils d'un bourgeois de Ratisbonne, posa la première pierre du dôme actuel le soir de la Saint-George, 1275, et le consacra à S. Pierre.

Les chroniques nomment comme architectes: André Egl, Henri Zehnter, Henri Durnstetter, Fréderic Speiset, Thomas Rorizer, qui dirigea la construction de l'église de S. Laurent à Nuremberg, et fut consulté pour l'église de S. Étienne à Vienne; Conrad Rorizer et Wolfgang Rorizer, qui fut décapité avec le sculpteur Loy coupable de sédition.

Il se trouve dans le dôme plusieurs dates, qui indiquent l'achèvement de parties isolées, par exemple: au pilier oriental, 1448; au mur intérieur près de la chapelle de Ste. Marie, 1464; au-dessus du portail principal, 1482, et à la petite tour de devant, 1486, époque à laquelle l'édifice avait atteint sa forme actuelle dans ses principales parties.

On continua bien encore à bâtir pendant long-temps. Sur une ancienne gravure sur bois de 1493, on voit encore les échafaudages qui ont servi à l'érection du monument. Les chroniques nomment un architecte, qui dirigea les travaux en 1514, et en 1618 l'évêque Albert IV, comte de Thoring, acheva la voûte.

En 1634, trois cent cinquante-neuf ans après le commencement des travaux, les constructions furent entièrement suspendues.

Il y a quelque temps que l'on trouva à Ratisbonne deux plans, dessinés sur du parchemin, d'après lesquels le dôme est exécuté avec quelques changemens essentiels.

Les éditeurs en fourniront des copies exactes dans la suite de leur ouvrage.

Une description plus ancienne de cet édifice se trouve dans la préface de *Thesaurus novus juris ecclesiastici*, par Maier, T. IV, dont les graveurs, Melchior Kusel et Martin Engelbrecht, firent paraître des dessins à Augsbourg, l'an 1655.

Dans l'histoire de la construction du dôme, la réunion d'architectes allemands à Ratisbonne, le jour de Saint-Marc de l'année 1459, est un événement remarquable; on y délibéra sur l'organisation des loges dans les différentes provinces allemandes, sur la question de reconnaître la loge principale à Strasbourg, ainsi que sur les signes et le salut du métier, ce qui doit avoir donné lieu à la première idée de l'ordre des francs-maçons. (Voy. Chronique de Ratisbonne, par S. Gemeiner; — Histoire de Ratisbonne, par Gumpelsheimer; Ratisbonne, 1830; — Grandidier, Essais historiques sur l'église cathédrale de Strasbourg.)

PLANCHE I.re

Plan.

Le dôme de Ratisbonne est construit, ayant les quatre côtés tournés vers les quatre régions du ciel, le chœur vers l'Orient. Pour expliquer cette planche, qui doit donner un aperçu de la forme générale du dôme, nous reportons nos lecteurs à ce que nous avons déjà dit dans la préface sur la formation des églises allemandes en général.

Les lettres indiquées dans le plan ont la signification suivante :

A, B est la ligne suivant laquelle la coupe vers l'Occident, qui paraît dans la première livraison, a été tracée. En J est la chapelle, dont la forme et la construction sont exposées par la planche cinquième de ce premier cahier. La coupe vers l'Orient est faite suivant la ligne C, D, E, F, et G, H indiquant la coupe suivant l'axe principal. En K se trouve la chaire; cette dernière, ainsi que les coupes que nous venons de nommer, paraîtront dans une prochaine livraison.

PLANCHE II.

Détails de la planche précédente sur une plus grande échelle.

a) *Portail principal.* La partie de ce portail par laquelle on entre immédiatement dans l'église, consiste en deux ouvertures de portes, séparées par un pilier dont la hauteur paraît être calculée sur celle des bannières, avec lesquelles on entrait lors des processions. L'embrasure de la porte consiste en trois grandes gorges, dans lesquelles sont encastrés des deux côtés des piédestaux hexagones qui forment, avec les figures qui y sont placées, la hauteur de l'embrasure jusqu'à la naissance de la voûte; les baldaquins qui recouvrent ces figures, servent de nouveau de piédestaux à d'autres figures, et de petites chapelles et des figures remplissent alternativement les gorges, qui se prolongent en ogives.

Pour diviser la pieuse multitude accourant avec empressement, pour abriter ceux que l'église ne pouvait contenir, on a élevé à une distance convenable, et dans l'axe des portes proprement dites, un pilier, duquel s'élancent à droite et à gauche des arcs qui vont rejoindre les angles les plus saillans des embrasures, et forment ainsi deux grandes portes, qui supportent en même temps le couronnement principal du portail.

La figure désignée sur cette feuille par la lettre b, représente un des piédestaux susmentionnés, encastrés dans les gorges avec le profil des moulures qui séparent ces dernières. La figure c représente sur une plus grande échelle une partie de l'embrasure intérieure de la porte, et la partie du pilier placé devant le portail principal, qui n'est que contourée, doit donner une idée des principes d'après lesquels les architectes de ces temps-là disposaient les différentes parties saillantes ou rentrantes de la masse principale, et comment ils tâchaient d'en décorer la forme primitive.

Le plan du grand portail du côté du Sud, e, est tracé d'après des divisions semblables entre elles, et si quelquefois dans cet ouvrage ces divisions ne sont pas indiquées dans les différens plans de détails, c'est parce que les éditeurs n'ont pu les découvrir, et non que les anciens architectes ne les aient pas observées. f, g et h sont les plans de trois colonnes dans l'église; f représente la première à gauche, et g, h, la première et la seconde à droite. L'une des moitiés de chacune de ces trois colonnes est dessinée avec les profils du piédestal, et l'autre de manière à faire voir la forme que prennent les moulures détachées de la colonne, au-dessus du chapiteau, pour se réunir comme nervures à la clef de la voûte. L'élévation de ces colonnes avec les profils de leurs piédestaux et de leurs chapiteaux suivra dans la prochaine livraison sur l'architecture gothique.

PLANCHE III.

Élévation du portail principal.

PLANCHE IV.

Coupe sur la ligne A, B. (Voy. le portail principal.)

PLANCHE V.

Chapelle désignée sur le plan par la lettre J.

Cette petite chapelle, la plus belle de celles qui se trouvent dans le dôme, est formée par une voûte qui repose sur deux piliers détachés et deux pilastres. La forme des piliers, composés chacun de trois colonnes accouplées, dont deux forment en quelque sorte les angles de la chapelle, et la troisième le contrefort de la voûte, motive le principal ornement de ce petit monument d'architecture allemande. Sur les contreforts sont placées deux figures, qui sont garanties par une espèce de baldaquin, qui paraît si fréquemment dans l'architecture gothique, que le dessin en sera bien-venu, sans aucun doute, à chaque architecte. Ce baldaquin, en forme d'une petite voûte hexagone avec des murs renforcés par des contreforts, aux endroits qui paraissaient l'exiger, se termine par un toit en forme de tourelle, comme on le voit à cette chapelle, ou bien par une dalle. Quelquefois ce couronnement sert de nouveau de piédestal à d'autres figures. Ce dernier cas se présente dans les grandes niches du portail principal.

La fig. 1.re indique le plan de ce couronnement, la fig. 2 en est l'élévation, et la fig. 3 la coupe sur a, b. Par les figures 4, 5 et 6, l'on donne le plan, l'élévation et la coupe; sur c, d, la chapelle entière. La fig. 7 est le plan des colonnes détachées coupées par le fût; la fig. 8 en donne la coupe au-dessus des chapiteaux avec les nervures de la voûte, et les figures 9 et 10 représentent l'élévation des colonnes.

La fig. 11 est la vue sur la tourelle, et sert surtout à expliquer la couronne qui la termine si fréquemment; fig. 12 est la coupe sur e, f; fig. 13 et 14, le plan et l'élévation du piédestal des statues, et 15 et 16, les profils des nervures des voûtes. Les autres objets qui se trouvent sur cette planche, n'ont pas besoin d'autre explication. Le plan, l'élévation et la coupe de la chapelle, sont dessinés au 75.e de l'exécution, et les autres détails relatifs à l'architecture, au 10.^{e}

DEUXIÈME CAHIER.

ÉGLISE DE S. JACQUES A RATISBONNE.

(Architecture byzantine.)

L'architecture byzantine est une transformation des temples antiques en temples chrétiens, empreints du caractère oriental.

C'est de ce style que se développa d'une part le style gothique, comme la continuation occidentale et chrétienne du Grec, motivé par l'esprit germain, et d'autre part le mauresque, rejeton méridional, caractérisé par Islam et porté au dernier degré par la nationalité voluptueuse et énergique des Arabes.

Le goût byzantin commença déjà avec la décadence de la Grèce et avec la grande monarchie d'Alexandre de Macédoine, il se forma surtout par les débris d'architecture orientale que l'on amassait à Alexandrie.

Il continua à s'étendre sur l'empire d'Occident, l'Italie et l'Allemagne, sans développement remarquable, et ne devint le style prédominant que dans la chrétienté, qui trouva tous les peuples environnans en décadence.

Autour de la nouvelle croyance étaient répandus les temples ruinés de la Palestine, de la Grèce et de l'Égypte, et les débris de la splendeur de l'Inde, de la Perse et de Babylone.

Un autre Dieu exige d'autres temples, et comme aucun peuple libre et tendant à s'élever n'était capable d'orner, dans son enthousiasme national, la jeune doctrine d'un art nouveau, on construisit les sanctuaires du nouveau Dieu avec les demeures détruites des dieux qu'il en avait bannis.

Le style tout allégorique de l'Orient convenait à l'origine orientale du christianisme, et ce style, exécuté avec la science romaine et un goût à la fois égyptien, alexandrin et grec, devint le caractère du byzantin.

Le nom de grec moderne qu'on lui donne, n'est pas plus juste et par conséquent inutile. Celui de style romain est aussi peu fondé, parce qu'il ne vint pas de Rome à Byzance, mais bien en sens inverse.

Le goût n'est pas l'invention de quelques têtes éclairées seulement; c'est le sentiment primitif de la beauté, commun à tous les hommes, formé par un sentiment national, universel, de force, de dignité, de liberté et d'amour de la patrie.

Un peuple libre se réjouit de ses souvenirs, de ses hauts faits et de sa patrie, fier de son bien-être et de son honorable sécurité.

Les artistes sont les enfans de ces sentimens, et pour cette raison ils ne sont que les représentans et non les créateurs du goût.

Les conquérans peuvent construire des ouvrages grandioses qui exigent une volonté puissante, et les orner avec vanité des dépouilles des vaincus; mais ils sont incapables de créer un seul monument d'art réel.

Les inspirations étrusques de l'art romain ne purent pas continuer à se développer avec originalité, parce que les Romains, sans cesse en dissention avec eux-mêmes ou avec d'autres, n'avaient pas de passage de la barbarie à la mollesse, ni du dédain soldatesque à l'abus efféminé des arts, et ne purent jamais se réjouir en paix de leur liberté et de leur beau pays.

La prodigalité de Louis XIV, dirigée par le goût de sa cour, put déparer l'Europe entière, mais jamais elle ne sut produire un seul artiste français.

Il n'y a qu'un véritable peuple qui puisse posséder l'art. C'est pourquoi les monumens byzantins manquent de vraie beauté, c'est-à-dire de l'expression d'une nationalité heureusement développée, dont l'architecture des citoyens d'Athènes, ainsi que celle des villes germaines, portent l'empreinte la plus remarquable.

Le byzantin, quoique bien raisonné, n'étant pas animé du sentiment national, resta pauvre d'invention, maladroit dans les ornemens, barbare dans l'exécution, et ne porte que de légères traces de la liberté flétrie de ses pays originaires, compilées avec assez d'harmonie.

Pour l'histoire de l'art le style byzantin reste toujours des plus remarquable au Germain, comme le rejeton de l'art grec, dans lequel le jeune peuple des Germains reconnut, avec un œil non encore dégradé, la souche primitive, et, la dégageant de tout ce qui lui était étranger, la transplanta dans un pays nouveau et indompté, où elle prospéra fraîche et svelte sous la protection des républiques allemandes.

L'église de S. Jacques à Ratisbonne fut commencée en l'an 1109, par les frères Othon et Henri, bourgraves à Ratisbonne et landgraves à Steffaning et Rudenbourg; par Berthe, fille du duc Léopold d'Autriche, épouse de Henri; par Luitgarde, comtesse de Bogen; par les deux comtes Gundacker et Werner de Laaber, et par plusieurs bourgeois de Ratisbonne, par suite de ce que le couvent S. Pierre ne suffisait plus pour les frères écossais, qui étaient venus s'établir dans le pays.

En 1120, l'évêque Hartwich I la consacra à Saint-Jacques et à Sainte-Gertrude.

On prétend que cette église a été démolie partiellement l'an 1200, et reconstruite en pierres de taille par George, troisième abbé du couvent; elle fut aussi endommagée par un incendie. (On trouve les détails relatifs à cette église dans l'histoire de Ratisbonne, par Gumpelshaimer et les auteurs qu'il cite.)

La supposition, que plusieurs parties de cette église sont des restes de la chapelle que Charlemagne avait construite à S. Pierre, et qu'on avait démolie en 1552, ou bien qu'elles appartenaient à une plus ancienne église qui occupait la même place, n'est pas fondée.

Quoique l'on remarque au portail des traces distinctes de transposition à des ornemens de colonnes et d'entablement discontinus, défectifs et confondus, il ne porte pas l'empreinte d'un âge plus reculé.

Henri Jasomirgott, duc de Bavière et d'Autriche, qui ne résidait à Vienne que depuis l'année 1156 avec sa femme Théodora, une Grecque, posa, cinquante ans après la construction du couvent de S. Jacques, les fondations de l'église de S. Étienne, dont la partie la plus ancienne est bâtie dans le même style.

Les ornemens des chapiteaux, des archivoltes et des façades, dans les parties les plus anciennes de l'église de S. Jacques, ont une apparence étrangère et orientale.

L'on n'y remarque encore aucun pas vers le genre de construction du treizième siècle; on n'y trouve point encore l'intention d'économiser ou de compléter les matériaux par du verre, aucune trace des profils, des saillies, des bases, des chapiteaux et des corniches, si agréables à l'œil; aucun pressentiment de l'emploi ingénieux de la pierre à chaux à imiter les fleurs naissantes, la vigne rampante, le lierre entrelacé et le feuillage mouvant du chêne.

Le seul profil, sans cesse répété, des corniches et des piédestaux, le socle orné de plantes du côté occidental de l'église, et le type de quelques chapiteaux, attestent d'une manière irrécusable leur origine grecque.

On trouve aussi sur la face extérieure du portail des traces distinctes de couleurs très-vives, rehaussant la splendeur de l'architecture grecque, mais qui n'étaient pas calculées sur notre climat. (Voy. l'ouvrage de notre compatriote, Geoffroi Semper, sur l'architecture coloriée des Grecs.)

Quant à ce qui concerne les ornemens hiéroglyphiques, nous abandonnons aux savans le soin de les interpréter. L'idée partout répétée du masculin et du féminin, qui n'a rien de très-monacal, paraît provenir de l'allégorie indienne, qui représente la divinité sous l'image des deux sexes réunis, comme la force sans cesse créatrice et rajeunissante.

PLANCHE I.re

Plan.

L'église de S. Jacques, de même que le dôme, tourne ses quatre côtés vers les quatre régions du ciel, et leurs plans respectifs se ressemblent beaucoup par la destination d'église chrétienne en général, qui arrête la disposition intérieure.

Une place élevée, vers le Levant, destinée à recevoir l'autel, les murs s'étendant vers l'Ouest, pour placer les stalles destinées aux prêtres; à gauche et à droite du maître-autel des sacristies; tout cela se trouve presque dans le même ordre et dans l'église de S. Jacques et dans le dôme.

Cependant on ne peut méconnaître certaines différences dans les deux plans, qui proviennent de ce que, du temps de la fondation du dôme, les besoins et les rites du culte chrétien furent pris en considération avec plus d'esprit pratique, tandis que lors de la construction de l'église de S. Jacques l'expérience était encore arriérée de deux cents ans, et que l'ancienne forme des temples servait encore de modèle.

De là vient, sans doute, que l'église de S. Jacques n'a proprement qu'une seule entrée pour le peuple; car les deux autres portes conduisaient au couvent, qui était construit contre l'église, tandis que le dôme compte jusqu'à huit entrées de grandeurs différentes; de là vient aussi que cette seule entrée dans l'église de S. Jacques se trouve sur la façade latérale, et qu'au dôme le portail principal est placé au milieu de la façade principale, en face du maître-autel; de là vient, enfin, que la place devant les autels dans la croix du dôme se fait remarquer par sa clarté et son étendue, tandis que dans l'église de S. Jacques cette place est étroite et sombre, et que l'espace séparé par des grilles ou des degrés, destiné aux prêtres dans l'église de S. Jacques, occupe presque un tiers de l'intérieur de l'église, tandis que dans le dôme il en forme à peine le cinquième.

La figure A est le plan du portail sur une échelle plus grande. Le côté droit en est pris à fleur du socle; celui de gauche, au contraire, au niveau de la corniche et des cintres.

Ce portail consiste, quant à sa disposition principale, en une embrasure ornée de deux colonnes, ou en une épaisseur de mur coupée à angle droit, renforcée de chaque côté extérieurement et intérieurement de sept pouces, à compter de l'entrée proprement dite, et qui, outre les colonnes dont nous avons déjà parlé, a pour ornement différentes autres moulures.

Les deux colonnes, ainsi que les moulures adjacentes et les deux saillies pratiquées aux extrémités de l'embrasure, se réunissent en demi-cercle au-dessus des chapiteaux latéraux et forment ainsi le portail.

Le point d'où les arcs sont décrits est au niveau des chapiteaux, dont les moulures s'étendent en corniche sur les faces latérales du portail, et autour de deux piliers qui achèvent d'encadrer toute l'entrée.

En entrant dans le portail, l'on trouve de chaque côté une colonne sur le chapiteau de laquelle repose à droite un lion et à gauche une lionne, dont la postérité a pris place sur les différentes saillies de la corniche.

PLANCHE II.

Élévation du portail.

Cette planche représente la vue géométrale et complète du portail avec tous les ornemens qui y sont adaptés.

Elle n'exige pas de commentaire plus détaillé, puisque les éditeurs abandonnent l'interprétation de ces ornemens hiéroglyphiques à des savans, et qu'ils ne peuvent que rendre le lecteur attentif à l'origine supposée de quelques ornemens.

Ainsi les feuilles de tous les chapiteaux et des consoles paraissent être des imitations des cactus.

L'ornement au pan coupé gauche du pilier gauche, ressemble à un chambranle en feuilles de palmiers, comme on les voit fréquemment aux huttes des peuples méridionaux, et de même l'ornement du pan gauche du pilier droit à celui du pan droit du pilier gauche, rappelle le genre de construction des murs de ces habitations, qui consistaient en un tissu de rameaux et d'écorce d'arbres.

Peut-être la figure assise sur la face latérale à gauche du portail, et à laquelle la tête manque, est-elle la vierge Marie avec son enfant, puisque celui-ci tient un livre en main, et que la figure sous la corniche principale, qui représente le Christ au milieu de ses douze apôtres, ainsi que la figure de Christ au-dessus de la porte, tiennent également chacune un livre en main.

Ce qui est encore remarquable, c'est que partout où l'on voit sur cette planche des figures masculines et féminines, les dernières se trouvent toujours du côté gauche.

PLANCHES III, IV et V.

Ces trois planches représentent les dix chapiteaux des colonnes qui se trouvent dans l'intérieur de l'église, ainsi que deux autres chapiteaux byzantins, qui furent trouvés dans le cloître du couvent de S. Jacques, et qui sont faciles à distinguer des autres qui sont sur la planche cinquième.

Les piédestaux des colonnes appartenant aux quatre chapiteaux de l'intérieur de l'église, que nous donnons sur la cinquième planche, ont le même profil que ceux des autres sur les planches troisième et quatrième, et comme les piédestaux appartenant à ces quatre colonnes n'ont pas d'autres ornemens d'animaux aussi remarquables que les autres, on ne les a point dessinés, pour éviter une répétition.

TROISIÈME CAHIER.

SUITE DU DOME DE RATISBONNE.

L'architecture est l'art le plus national, parce que toutes les situations qui divisent les hommes en différens peuples agissent sur elle. Elle est essentiellement pratique, car elle ne se borne pas à orner et à réjouir.

Elle sert à la religion comme aux arts et métiers, à la vie publique comme aux agrémens domestiques, à la guerre et à la paix. Sa forme est modifiée par le climat, les mœurs et les matériaux.

De là vient que la simple imitation ne suffit pas; surtout chez des peuples jeunes et progressifs, et les Germains, ces enfans du Nord, devaient se hâter d'approprier à leur climat cet art des pays méridionaux.

C'est en exécutant les églises de construction byzantine qu'ils apprirent l'art de voûter. Les bas-côtés de ces édifices étaient ordinairement voûtés, et la nef principale, plus large, avait un soffite; soit que l'on se crût encore obligé de conserver la forme étrangère, soit que des architectes qui ne connaissaient pas les matériaux et le climat, n'osassent pas exécuter des voûtes d'une portée plus considérable.

Les occasions ne pouvaient pas manquer pour faire naître l'idée de voûter aussi la nef principale, puisque l'on devait reconnaître combien la couverture double des bas-côtés, formée par des voûtes et des toits, était convenable et avantageuse en comparaison de la couverture simple de la nef principale, qui n'était composée que de solives et de chevrons, et dont l'inconvénient devait se faire sentir à chaque pluie et bien plus encore lors d'un incendie, d'un orage ou d'un ouragan.

La première voûte n'était certainement rien qu'un cintre continu, c'est-à-dire une voûte en berceau. Mais une voûte d'une grande longueur, comme il en fallait pour une nef d'église, avait l'inconvénient que l'on ne pouvait y pratiquer de croisées qu'aux deux pignons, sans nuire à la solidité, et le premier essai pour mettre des ouvertures du côté voûté d'un berceau, donna lieu à l'invention de la voûte d'arête.

Les premières voûtes d'arête furent construites en plein-cintres, que nos ancêtres avaient appris à connaître par leurs rapports immédiats avec l'empire byzantin, tandis que le perfectionnement des voûtes par l'emploi des ogives fut très-probablement le fruit de leur propre réflexion.

La beauté d'une voûte en plein-cintre est incontestable, lorsqu'il est possible de l'apercevoir sans illusion optique. Mais hors ce cas toute beauté disparaît. Le plein-cintre dont le centre est ou paraît plus bas que le voussoir inférieur, semble avoir subi un écartement, même à ceux qui ne possèdent point de connaissances mathématiques; nous en sentons le manque de solidité, l'emploi peu convenable, et il choque l'œil, dès que nous croyons qu'il puisse tomber.

Mais tous les plein-cintres qui naissent à une hauteur considérable au-dessus d'un chapiteau produisent cet effet. La hauteur à laquelle se trouve la voûte empêche déjà d'apercevoir sa véritable forme, et les moulures saillantes du chapiteau cachent en outre à l'œil la naissance de la voûte, dont la direction presque perpendiculaire doit d'autant moins être soustraite à la vue, qu'elle seule peut nous convaincre de la solidité de cette construction.

Mais pour qu'une chose soit belle, il ne suffit pas qu'elle soit motivée, il faut encore qu'elle paraisse l'être, et dans le cas que nous venons de citer, il y avait deux moyens d'atteindre ce but. Le premier était de hausser le centre du demi-cercle, le second de s'éloigner latéralement du centre et de former ainsi un seul cintre avec deux arcs de cercle plus grands. La première opération donna lieu à la forme du fer à cheval, la seconde à l'ogive.

Nos ancêtres choisirent l'ogive, et les fondateurs de l'architecture mauresque, la forme du fer à cheval.

Tous les édifices qui prirent leur origine à l'époque à laquelle ce style était devenu prédominant, prouvent combien le choix de l'ogive était heureux. Chaque ville de notre patrie possède des monumens qui, exécutés dans ce style, inspirèrent souvent des poètes, et devant lesquels un peintre ne passe jamais sans en esquisser la masse principale pour se rappeler plus tard la sensation agréable qu'ils lui avaient causée; honneur qui n'est rendu à aucun style postérieur.

Aussi les avantages de l'ogive l'emportent de beaucoup sur le plein-cintre. Tandis que ce dernier, avec une largeur donnée, a une hauteur déterminée, dont on ne peut pas dévier sans nuire à sa beauté ou à sa convenance, la hauteur de l'ogive peut être variée à l'infini sans présenter ces inconvéniens.

Quelles devaient être les difficultés de la forme elliptique des cintres des croisées résultant nécessairement des voûtes plein-cintre, lorsque les joints des voussoirs devaient converger vers les foyers (nous distinguons dans une voûte d'arête le cintre principal, celui de l'arête et celui de la croisée).

Ces obstacles disparurent entièrement dans la voûte en ogive, puisqu'il fut facile de trouver des points de courbure ogive, correspondant autant qu'il était nécessaire à ceux de la courbure elliptique, que l'on ne pouvait éviter pour les cintres de croisées.

Des essais sur le papier, ou des calculs mathématiques, convaincront chacun de la vérité de cette assertion.

En général, presque aussi souvent que le plein-cintre ne suffisait plus sous le rapport de la construction ou de l'esthétique, l'ogive convenait, et plus il était difficile de se tirer d'affaire sans celle-ci, moins l'invention ou l'emploi en est surprenant. Mais ce qui prouve qu'on ne l'employait pas dans les cas dans lesquels la construction ne l'exigeait pas, c'est l'arc-boutant au-dessus du toit du bas-côté que l'on voit dans la coupe vers l'Orient sur la première planche de ce cahier. Cet arc est décrit de plusieurs centres et prouve à l'évidence que nos anciens architectes en connaissaient suffisamment la solidité.

Les avantages de la voûte en ogive sur celle en plein-cintre se démontrèrent naturellement pour chaque arc placé isolément.

Lorsqu'on eut trouvé les points de l'arc en ogive correspondant à ceux du cintre elliptique de la croisée dans la voûte d'arête, on se servit du premier comme chambranle, et l'on laissa à jour tout l'espace qui se trouvait au-dessous jusqu'au toit du bas-côté, pour en former la croisée.

Les vitraux des croisées furent très-judicieusement placés au milieu de l'épaisseur du mur, qui fut évasé extérieurement et intérieurement, pour admettre plus facilement le jour et pour le répandre dans le bâtiment même.

Pour donner assez de solidité à la grande surface des vitraux, il fallut garnir la croisée de traverses; l'ogive s'y prêta à merveille; car l'intersection des traverses s'y pratique de la manière la plus simple. Des baguettes presque aussi épaisses que les murs, et dont les dimensions, la portée et la force étaient en proportion avec la croisée entière, divisaient celle-ci en deux, trois ou quatre parties principales; celles-ci étaient subdivisées en de plus petits compartimens formés par des listaux moins saillans, et lorsque ceux-ci étaient encore trop grands pour encadrer suffisamment une surface de verre, un listel plus délié encore divisait ces compartimens en d'autres plus petits. Par là l'ouverture résultant de l'intersection des baguettes, diminuant en raison de la grandeur des compartimens qu'elles encadraient, obtint la disposition nécessaire pour recevoir et propager la lumière.

On pourrait élever la question pourquoi toutes ces moulures des chambranles et des baguettes de croisées? pourquoi, pour atteindre le but de livrer passage à la lumière, ne construisait-on pas plus simplement le profil de la croisée, par exemple de cette manière ? pourquoi, au lieu de celle-ci, cette forme recherchée, telle que nous la voyons sur la deuxième planche de ce cahier? Que l'on se figure les difficultés que les arêtes aiguës en pierre auraient causées et l'avantage d'avoir un réglet ou un tore pour point d'arrêt bien déterminé à chaque nouvelle rentrée des moulures, et l'on pourra aisément répondre à ces objections. Cependant nous rappellerons, ce que nous avons déjà dit plus haut, que l'on ne voulait pas seulement bâtir selon les convenances, on voulait encore faire remarquer ces dernières. De là la séparation des parties de la croisée par des cimaises bien ombrées, des plans et des tores vivement éclairés, qui nous montrent que tous les croisillons des fenêtres naissent en lignes verticales de la fondation bien assurée.

Il en est de même des moulures des piliers dans l'intérieur des églises gothiques en général, et de celles du dôme dont nous traitons. Les anciens architectes avaient appris à connaître dans les monumens byzantins exécutés par des artistes étrangers la bonne construction des voûtes, qui consiste à poser d'abord les nervures saillantes en pierre de taille, et à voûter ensuite en briques les intervalles entre les arêtes. Le bond du chœur de l'église de S. Jacques, par exemple, a une voûte avec des nervures saillantes.

Nos ancêtres conservèrent ces nervures comme propres à l'exécution exacte des voûtes d'arête. Mais pour pouvoir les appliquer soigneusement sur les cintres provisoires, leurs formes byzantines furent changées en celles-ci par la formation d'une surface plane sur la moulure la plus saillante.

Huit de ces nervures se réunissant sur chaque pilier isolé dans le dôme, tous ces piliers sont formés de huit parties principales, qui sont autant de nervures prolongées verticalement, qui, aussitôt qu'elles ont pris cette direction, perdent ladite surface plane, qui devient sans but, de manière que chaque moulure des arêtes est supportée par une colonne particulière.

Pour faire bien ressortir ce genre de construction, les colonnes dont se composent les piliers sont séparées, comme les moulures des croisées, par des réglets et des gorges.

Si nous continuions à examiner ainsi la plupart des beautés originales des églises gothiques et de notre dôme, nous en trouverions presque partout la cause dans leur construction si bien raisonnée. Pour prouver ce que nous venons de dire, nous pourrions citer une multitude d'exemples, tels que la position diagonale des piliers, qui résistent par leur plus grande largeur à la poussée des arêtes principales qui enlacent l'édifice dans toute son étendue, tandis que leur diamètre moindre s'oppose à l'action plus faible des cintres droits; les galeries percées à jour, qui non-seulement sont plus légères en apparence par leurs ornemens, mais qui le deviennent en effet (ce qui est très-important, puisqu'elles étaient presque toujours en porte à faux sur des saillies); les flèches dégagées qui, laissant un libre passage aux vents, n'avaient pas à leur résister; la pression réciproque qu'exerçaient entre elles les arêtes par la subdivision des nervures qui rendaient superflus les cintres provisoires des voûtes.

La construction bien raisonnée de ces monumens, dont une durée de plusieurs siècles a démontré la solidité, en rendant possible l'élévation et l'étendue prodigieuses, contribue beaucoup à l'admiration dont ils saisissent le spectateur. La hardiesse de la pensée, exécutée pour l'éternité avec tant d'esprit, de soin et de bonheur, excite la joie et l'étonnement et ajoute la grandeur à la beauté.

On trouve une particularité d'un autre genre dans les ornemens qui ne furent pas employés pour faire ressortir la convenance de certaines constructions, mais que l'homme ne créa que par fantaisie, afin de prouver son amour pour ces monumens. Parmi ces ornemens l'on peut compter les dorures, les vitraux de couleur, et surtout les chapiteaux, les fleurs et les feuilles, en général toutes les sculptures tirées du règne animal ou végétal, dont nos anciens architectes ornaient leurs dômes chéris et qui en relèvent l'effet jusque dans les coins les plus reculés.

On serait bien dans l'erreur, si l'on cherchait la beauté principale des édifices gothiques dans ces ornemens ; ils sont superflus, mais ils le sont comme la rose dans la chevelure d'une belle femme.

Les vitraux de couleur sont une compensation très-ingénieuse des peintures grecques. Il est certain que les anciens maîtres savaient apprécier l'éclat des couleurs, mais l'humidité et les changemens subits de la température de notre climat donnent bientôt un air délabré et sombre à tous les ornemens de ce genre, lors même qu'ils se trouvent dans des endroits couverts, tandis que le soleil pare chaque jour ces sveltes colonnes de couleurs éclatantes, lorsque ses rayons percent à travers les vitraux.

Il est probable que la nature, en faisant germer des feuilles, des fleurs et de la mousse entre les joints des moulures horizontales et toujours ombragées, ainsi que sur les plans obliques, exposés tantôt à la pluie et tantôt au soleil, fit naître l'idée d'orner de feuillage toutes les gorges, ainsi qu'on le voit au dôme de Ratisbonne, et de décorer si richement toutes les pyramides de ce grand nombre de tourelles avec les feuillages si connus qui s'appuient contre leurs arêtes.

Peut-être voulait-on prévenir la nature ; mais, quelle que soit l'origine de cet ornement, il est certain qu'il plaît encore généralement aujourd'hui.

Si les anciens architectes avaient pu orner leurs chapiteaux et leurs grandes gorges qui s'étendent horizontalement sous les corniches, avec des feuilles de vignes ou de chênes toujours vertes, ils l'auraient fait plutôt que d'imiter la forme délicate de ces feuilles en grès ou en pierre calcaire. La différence entre les côtes délicates d'une feuille et le grain compacte d'une pierre devait nécessairement produire une certaine manière dans l'imitation ; mais cette manière était inévitable, et si nous comparons la feuille sèche et les fruits parfaitement développés d'un arbre, nous admirerons l'art avec lequel les anciens architectes, qui les faisaient servir d'ornemens, savaient en reproduire le caractère.

On a déjà beaucoup rêvé et raisonné sur la simplicité chrétienne, sur le sens mystérieux des roses, des animaux, des hommes et des anges dont les monumens gothiques sont ornés.

Mais ce que l'on y reconnaît avec beaucoup plus de vraisemblance, c'est l'esprit allemand, rude, il est vrai, mais paisible et naïf.

L'irréligion ne produit rien en fait d'art, pas plus que le piétisme larmoyant et inquiet et le mysticisme obscur.

La croyance de nos pères était franche, sans scrupule, et sans crainte. Ils ne croyaient pas qu'une plaisanterie innocente profanât la religion ou qu'une saillie un peu forte déplût au bon Dieu. Les prêtres, comme les laïques, acceptaient sans s'offenser les railleries pleines de gaîté des tailleurs de pierre.

C'est ainsi que furent créés ces singes en soutane, ces figures byzarres, qui ont l'air de supporter tout le poids des voûtes, ces cerfs, ces chiens et ces autres figures grotesques, qui menacent à chaque pluie de vomir l'eau sur la tête des passans, ou bien, comme à la cathédrale de Fribourg, de la lancer par des parties presque inconvenantes.

Les histoires et les miracles bibliques sont tout-à-fait germanisés. Les guerriers romains sont métamorphosés en lansquenets et en gardes de nuit allemands, et Ponce-Pilate est un véritable bourguemaître.

De même qu'au petit portail sur la quatrième planche de ce cahier l'ange choisit le moyen le plus simple pour sauver S. Pierre, en soulevant sans effort une bonne moitié de la prison, de même ces joyeux compagnons donnaient sans beaucoup de façons un libre cours à leurs rudes saillies.

L'art ne s'était pas encore séparé du peuple qui en était pénétré et qui savait le comprendre.

Nous ajouterons encore ce qui suit pour expliquer les cinq planches de notre troisième cahier.

La première planche est la coupe vers l'Orient suivant la ligne C, D, E, F, du plan. On y remarque la coupole plein-cintre qui est d'une date plus récente que le reste de l'édifice, dont le chœur est la partie la plus ancienne. Tout l'intérieur de l'église paraît avoir été enduit de lait de chaux d'un beau jaune, immédiatement après l'achèvement des voûtes, et tous les filets des corniches et des nervures d'arêtes, ainsi que tous les chapiteaux, sont richement dorés.

Les fenêtres que l'on voit sur cette planche sont garnies de vitraux peints, parmi lesquels ceux de la grande croisée du côté droit dans la croix de l'église, ont été exécutés récemment à Munich. Ces vitraux répandent une lumière magnifique par tout l'édifice, se reflètent sur les dorures brillantes et rehaussent surtout la splendeur des couleurs du chœur, que la lumière des vitraux non colorés de la nef principale ne saurait détruire.

Cette planche est dessinée sur la même échelle que la coupe vers l'Occident.

La troisième planche contient l'élévation du petit portail à gauche de la façade principale (voyez le plan), et sur la planche deuxième est représentée la fenêtre qui se trouve au-dessus.

Nous avons joint à ces deux planches les plans des profils. Les dessins qu'elles contiennent, étant ajoutés l'un à l'autre, donnent la hauteur exacte de toute la fenêtre.

Le chapiteau, qui paraît suspendu au milieu de cette fenêtre, devait être supporté par une colonne dont on voit le commencement au-dessous du portail sur la planche troisième. La planche quatrième représente l'élévation du portail latéral à droite du portail principal, et l'échelle de ce dernier (voyez la planche troisième du premier cahier) sert également aux planches deux, trois et quatre.

La planche cinquième est la moitié de la partie inférieure du fond du chœur avec son plan sur une échelle réduite au vingt-cinquième, et peut servir de complément à la planche première; la suite de cette planche comprenant les autres fenêtres, paraîtra dans le prochain cahier, qui traitera du dôme.

Le profil d sur la planche cinquième est celui de la base des petites colonnes faisant partie de la fenêtre la plus élevée du chœur, sur une échelle moitié de l'exécution, et le profil c est celui du piédestal du grand pilier contre lequel sont ajustées les marches du chœur (voyez planche première de ce cahier).

Ces profils ont pour échelle celle du plan des piliers sur la planche deuxième du premier cahier.

Les profils des coupes a et b sont pris sur les lignes qu'indiquent les points $a\ b$ dans le plan du fond du chœur.

www.ingramcontent.com/pod-product-compliance
Lightning Source LLC
Chambersburg PA
CBHW070538050426
42451CB00013B/3071